CB120626

LUÍS CARLOS

SÉRIE ESSENCIAL

ACADEMIA BRASILEIRA DE LETRAS

Diretoria de 2013
Presidente: *Ana Maria Machado*
Secretário-Geral: *Geraldo Holanda Cavalcanti*
Primeiro-Secretário: *Domício Proença Filho*
Segundo-Secretário: *Marco Lucchesi*
Tesoureiro: *Evanildo Cavalcante Bechara*

COMISSÃO DE PUBLICAÇÕES

Alfredo Bosi
Antonio Carlos Secchin
Ivan Junqueira

Série Essencial | Concepção e coordenação
Antonio Carlos Secchin

Produção editorial
Monique Mendes
Revisão
Gilberto Araújo
Projeto gráfico
Estúdio Castellani | Imprensa Oficial do Estado de São Paulo
Caricaturas
J. Bosco

Catalogação na fonte:
Biblioteca da Imprensa Oficial do Estado de São Paulo

B327 Bastos, Augusto Sérgio, 1943-.
Luís Carlos, cadeira 18, ocupante 4 / Augusto Sérgio Bastos. – Rio de Janeiro : Academia Brasileira de Letras ; São Paulo : Imprensa Oficial do Estado de São Paulo, 2013.
68 p. ; 19 cm. – (Essencial ; 72)

ISBN 978-85-401-0109-8

1. Barros, Luís Carlos da Fonseca Monteiro de, 1880-1932. I.Título. II. Série.

CDD B869.92

Esta edição adota o novo *Acordo Ortográfico da Língua Portuguesa.*

072

Série Essencial

Luís Carlos

Cadeira 18 / Ocupante 4

Augusto Sérgio Bastos

Academia Brasileira de Letras

imprensaoficial
GOVERNO DO ESTADO DE SÃO PAULO

Luís Carlos

Augusto Sérgio Bastos

Tudo levava a crer que com o advento da República a família do médico Eugênio Augusto de Miranda Monteiro de Barros, neto do Barão de Paraopeba e Diretor da Secretaria do Império, ficasse transtornada. E ficou, com exceção de Luís Carlos, que, para espanto do pai, exultou, pois se descobrira um republicano aos nove anos de idade. A mãe, também de ascendência nobre, não tinha uma explicação plausível para esse comportamento do menino. Em *A Vida de Luís Carlos*, a escritora Lasinha Luís Carlos, filha do biografado, informa que ele, todos os anos a 15 de novembro, comprava com suas economias foguetes para festejar a data, e a avó o repreendia:

> – Aqui dentro, não, tenha paciência! Vá festejar a sua República lá fora! Luís Carlos corria para o fundo do jardim, de onde daí a pouco se ouvia partirem estrepitosos rojões e rebentarem fogos variados.[1]

É surpreendente que com tão pouca idade se interessasse e tomasse partido em assunto que normalmente pertenceria aos adultos. Ainda mais que sob o mesmo teto – onde a família imperial era idolatrada – moravam os avós maternos: Luís Carlos da Fonseca, Senador por Minas Gerais e médico do Imperador, e D. Maria Antônia de Werna Magalhães da Fonseca, Dama do Paço, filha da Condessa de Belmonte, Primeira Dama da Corte de D. João VI e preceptora de D. Pedro II.

Nada disso influenciou o modo de pensar do então jovem republicano, que por toda a existência foi fiel a seus princípios. Eis uma das contradições da vida e da maneira de ser de Luís Carlos.

---

[1] CARLOS, Lasinha Luís. *A Vida de Luís Carlos*. Rio de Janeiro: [Escola Técnica Federal da Guanabara], 1965, pp. 9-10.

O Poeta-Engenheiro

Luís Carlos da Fonseca Monteiro de Barros nasceu no centro da cidade do Rio de Janeiro, num casarão da Rua do Lavradio, a 10 de abril de 1880.

Apesar das ideias avançadas, foi, segundo os contemporâneos, uma criança extremamente dócil e cordata, bondosa, tendente à ordem e à disciplina, adolescente respeitador das tradições que formam o patrimônio moral de uma nação. Muito mais tarde, escreveu o soneto "À Princesa Isabel", companheira de infância e particular amiga de sua mãe, D. Francisca Carolina Werna da Fonseca Monteiro de Barros. Nele, demonstra carinho pelo mundo cuja evolução julgava necessária, solidarizando-se, ao mesmo tempo, com a princesa exilada e com os escravos por ela libertados:

Soberana toucada pela alvura
Ou dos cabelos, ou da estirpe, ou da alma;
Pomba, cuja asa real a glória espalma
– Tão clara! – sobre a dor da gente escura.

Conquistastes, banindo a escravatura,
Quase divina, a mais humana palma.
E, ao recordá-lo, eis que o Brasil se acalma,
Repassado de fé, serena e pura.

Perdoai, Senhora, a nossa iniquidade!
Se proscrita viveis entre estrangeiros,
O exílio vos aumenta a majestade.

Se remistes, outrora, os brasileiros,
Hoje, os escravizais pela saudade,
Que é, decerto, o maior dos cativeiros.[2]

Pela vida afora, não seria o revolucionário que o namoro com a República fizera prever. Aos dez anos, sétimo filho de uma prole de oito, inteligência privilegiada, interessou-se pela poesia. Teve a quem puxar; a avó, D. Maria Antônia, fazia versos encantadores, mas só os mostrava aos íntimos. Por essa época, Luís Carlos começou a ouvir Victor Hugo, Guerra Junqueiro e outros, que lhe eram recitados pelo irmão Francisco (F. de Paula Monteiro de Barros), futuro poeta. Luís, muitas vezes, "não entendendo os poemas, chegava a cabecear de sono", mas ia se impregnando com os sons, o ritmo. Um dia, mostrou alguns versos para o irmão, que, vendo nele o pendor para a poesia, passou a estimulá-lo, ajudando na metrificação e correção dos textos. Logo depois, com Francisco e

---

[2] CARLOS, Luís. *Colunas*. 1.ª edição. Rio de Janeiro: Edição de Jacinto Ribeiro dos Santos, 1920, p. 120.

o irmão Ernesto passaram a escrever jornaizinhos manuscritos, que distribuíam entre familiares e conhecidos.

Aos 16 anos, quando morava em Valença (RJ), publicou seus primeiros poemas em dois periódicos da cidade, o *Correio de Valença* e o *Atualidades*.

Aluno brilhante, destacando-se em todas as matérias, decidiu-se pela área técnica. Após exames preparatórios na Escola Naval, entrou para a Escola Politécnica, que hoje faz parte da Universidade Federal do Rio de Janeiro, concluindo o curso de engenheiro geógrafo em 1900. O poeta-engenheiro!

No mesmo ano, um pouco antes da formatura, resolveu se casar com a prima Glicka, uma paixão antiga, filha do Dr. Gustavo Adolfo de Suckow e de D. Rita Monteiro de Barros Suckow. O pai, chefe de polícia, amigo de Campos Sales e de Prudente de Morais, era filho do Major Hans Wilhelm Von Suckow, oficial do Exército alemão, descendente dos Barões Von Suckow. O militar veio para o Rio de Janeiro a convite de Pedro I como Instrutor do Exército do Brasil.

Após o casamento, o jovem casal, ele com 20 anos e ela 19, foi morar com a família do noivo, em encantadora chácara na Rua Barão de Bom Retiro, no Engenho Novo, onde se realizou o casamento. A propriedade foi doada por D. João VI para a Condessa, bisavó de Luís Carlos. O padrinho foi Campos Sales, então Presidente da República. Quatro filhos nasceram dessa união: Luís Carlos Júnior, advogado e escritor, o engenheiro Celso Suckow da Fonseca, Glicka Suckow da Fonseca, apelidada de Lasinha, e Edmundo, que teve apenas quatro dias de vida.

Logo após obter o diploma de engenheiro, foi nomeado por Campos Sales para trabalhar na Estrada de Ferro Central do Brasil, primeiro e único emprego, onde galgou todos os postos, chegando a diretor. Cargo inicial: auxiliar de engenheiro residente, em Desengano, hoje Juparanã (RJ). De lá, seguiu para Minas Gerais, residindo em Conselheiro Lafaiete, onde exerceu a função de inspetor de tráfego; depois se mudou para Barbacena. São dessa época, vivendo nas terras mineiras, em ambientes bucólicos, na paz dos campos, alguns de seus mais belos poemas, de lirismo encantador, refletindo a grandiosidade dos cenários que lhe serviam de fundo.

A transferência para São Paulo veio em 1909, para trabalhar na Zona Norte da capital. Foi reconhecido como competente engenheiro e administrador, recebendo o carinho dos funcionários e da alta administração da empresa. Em paralelo, a vida intelectual também se desenvolveu. Fez novas amizades, conheceu escritores e homens de cultura. Com um grupo de intelectuais, fundou a *Hora Literária*; faziam parte Oswald de Andrade, Guilherme de Almeida, Amadeu Aguiar, Félix Pacheco, Cláudio de Sousa, Armando Prado, entre outros.

Seus poemas eram frequentemente publicados em jornais e revistas numa época em que o Parnaso ainda se fazia presente na poética brasileira.

O Parnasianismo dominou a passagem do século XIX para o século XX, mais precisamente, do início dos anos 1880 até o final da primeira década do século passado. Esse foi o período de formação do jovem Luís, que completou 30 anos em 1910. Com certeza leu *Sinfonias* (1882), de Raimundo Correia, *Meridionais* (1884), de Alberto de Oliveira, e *Poesias* (1888), de Olavo Bilac, livros importantes da "escola", escritos por poetas idolatrados pelo Brasil inteiro e, à época, todos ainda em franca atividade. Luís Carlos, um homem do seu tempo, os admirava e os considerava modelos a serem seguidos. A crítica o classifica como pertencente à última geração parnasiana, contudo, em sua poesia, há um toque de romantismo que foge ao estilo parnasiano puro e simples.

O Primeiro Livro de Poemas

Com a transferência para a sede da Central do Brasil, no Rio de Janeiro, em março de 1917, veio a promoção a Chefe do Movimento da Estrada de Ferro, responsável pela circulação dos trens. Foi morar no bairro de São Cristóvão, em um casarão pertencente à empresa, na Rua Francisco Eugênio.

No dia 14 de junho, *Colunas*, seu livro inédito de poemas, foi apresentado na Academia Brasileira de Letras. O acadêmico, deputado, magistrado e poeta Augusto de Lima, concunhado do autor, fez apaixonada leitura, sendo demoradamente aplaudido; Luís Carlos e esposa estavam presentes. No dia da sessão e no seguinte, o acontecimento foi amplamente noticiado e comentado pelos jornais; os elogios realçavam tanto o homem como o poeta. Um momento culminante de sua vida artística.

O Paiz anunciou o evento no dia 17 mesmo e fez uma digressão sobre a simplicidade do nome do artista. É bom lembrar que, pertencendo a uma família com muitos sobrenomes, optou por ser chamado apenas de Luís Carlos – outra contradição do nosso poeta; talvez uma forma de reafirmar o modo simples de ser, tanto na vida como na arte. Eis o texto do jornal:

> Na Academia de Letras
>
> Há poucos anos, em um jornal de Juiz de Fora, apareceu, subscrevendo uns lindos versos, cuidados na forma e cheios de originalidade e emoção, este nome simples – Luís Carlos. Ninguém, fora da cidade mineira e do círculo literário que cercava o novo poeta, sabia quem era o dono da singela assinatura; muitos,

distantes da vida intelectual daquele meio, tiveram mesmo a ideia fugaz de que "Luís Carlos" fosse apenas o pseudônimo de um poeta já feito, nesta época em que se tornou moda que o pseudônimo seria um segundo nome de batismo.

Entretanto, a assinatura que intrigou tanta gente continuou a aparecer, com mais frequência, em letra de forma, subscrevendo versos tão belos ou mais belos ainda do que os primeiros. Esse nome irradiou, dentro em breve, por toda a imprensa de Minas, surgiu pouco depois na de S. Paulo, veio ter, finalmente, em revistas [...]. Mas, ainda assim, poucos sabem que se trata de um engenheiro distinto – Luís Carlos da Fonseca [...]. É desse poeta, poeta na lídima acepção da palavra, que Augusto de Lima vai ler hoje, às 16 horas, na Academia Brasileira de Letras, várias produções, apresentando oficialmente mais um ilustre homem de letras brasileiro ao areópago das letras nacionais.

A *Gazeta de Notícias*, o *Jornal do Commercio*, *A Época*, *O Imparcial*, *A Notícia*, *A Tribuna*, *A Rua*, além de periódicos de Minas Gerais e de São Paulo, teceram comentários; muitos colocando o poeta, em futuro próximo, como novo membro da Academia.

A imprensa, publicando seus poemas, tornava-o cada vez mais conhecido. O círculo de amizades se desdobrou; com espírito agregador, começou a promover encontros e saraus em casa, transformando-a num polo da intelectualidade. As noitadas de arte eram frequentadas por literatos e artistas de mais renome e também pelos que iniciavam a jornada literária. A estes, sobretudo, dava Luís Carlos a melhor acolhida, estimulando-lhes os anseios artísticos, pugnando por aprimorar-lhes as qualidades aproveitáveis. Daí ser chamado por Luís Nascimento de "o irmão mais velho dos poetas moços".

Em outros centros intelectuais do Rio e de algumas capitais se discutiam escolas e se injustiçavam reciprocamente parnasianos e simbolistas, já com participação de futuros modernistas. Foi em 1917 que a pintora Anita Malfatti abriu a primeira exposição de arte no Brasil a se autodenominar moderna e que entrou para a história pela crítica feroz de Monteiro Lobato. Longe das polêmicas, Luís Carlos se entretinha com amigos e consigo mesmo, compondo poemas sem outros cânones que os ditados pelos próprios estremecimentos íntimos. Identificado com a majestade da natureza mineira e com as doutrinas clássicas, a única forma que convinha às suas ideias e emoções era a tradicional.

Nesse mesmo ano, conheceu o poeta Pereira da Silva, que já o admirava e se tornou o maior amigo. Foram companheiros de trabalho na Central e cúmplices na poesia. Foi Pereira quem mais o incentivou a publicar o livro e nos conta sua participação no evento, mostrando mais um exemplo de retidão de caráter do nosso poeta:

> O meu entusiasmo por um poeta de emoções tão espontâneas e expressões tão corretas induziu-me à ideia de procurar-lhe editor. Luís Carlos não acedeu senão depois de muita insistência minha e reiterada afirmação de que seria absolutamente triunfal a sua estreia. Apresentei-o ao livreiro Jacinto dos Santos, que se louvara no calor dos meus prognósticos. E jamais esqueci o meu desapontamento nessa ocasião; pois, enquanto o editor se regozijava com a preferência que lhe dava o editando, Luís Carlos fazia tudo para convencê-lo dos grandes prejuízos comerciais que possivelmente lhe poderia causar.
>
> – Compreendo perfeitamente, dizia o Jacinto. O Sr. Dr. ainda não é um nome lido nos jornais e revistas daqui. Mas eu sei que é um grande poeta.
>
> – Pois bem! concluiu Luís Carlos, depois de longa reflexão: assinaremos o contrato, uma vez que fique explícita a obrigação da minha parte de reparar os prejuízos que porventura o amigo venha a ter.

> O Jacinto olhou-me espantado. Na sua longa vida de trato comercial com autores inéditos, certamente nunca encontrara um só que lhe fizesse exigência de tal natureza: reembolsá-lo de possíveis prejuízos nas respectivas publicações.
>
> Percebendo-lhe o espanto, intervim: O Dr. Luís Carlos é assim mesmo.
>
> – Sem dúvida! exclamou Luís. Nunca me conformaria com a ideia de ter prejudicado a quem, como o nosso amigo, tão generosamente confia no meu nome.
>
> O Jacinto concordou, como se vê, com a cláusula leonina e recebeu os originais.[3]

Colunas foi posto à venda em 15 de junho de 1920. A imprensa o acolheu com entusiasmo. Poucos autores no Brasil terão tido tão calorosa recepção por parte do público e da crítica. A segunda edição, em 1926, foi publicada em Paris pela Imprimerie Lahure.

Engenheiro de profissão, Luís dedicou especial atenção à construção de sua primeira obra literária, projeto acalentado

---

[3] SILVA, Pereira da. "Discurso do Sr. A. J. Pereira da Silva". *In*: *Discursos Acadêmicos*. Tomo II, 1920-1935. Rio de Janeiro: Academia Brasileira de Letras, 2006, pp. 1006-7.

por muitos anos. Francisco Silva Nobre, em *Luís Carlos: Poeta da Família e do Misticismo*, afirma que é o principal livro do poeta "talvez por expressar maior aproximação com sua atividade profissional", e resume de forma simples como o autor arquitetou a distribuição dos poemas na coletânea:

> [...] dividindo-a, conforme a técnica, em três partes distintas: Pedestais (a base, sustentáculo de qualquer coluna), Fustes (o tronco, que liga as outras peças) e Capitéis (a parte superior que encima o fuste e o coroa, o ornato que dá maior beleza ao conjunto).[4]

O volume, contendo 162 poemas, abre com uma epígrafe de Charles Baudelaire e é dedicado, apenas na segunda edição, a Osório Duque-Estrada.

O poeta já está inteiro nessa primeira obra. Luís Carlos é um esteta e também um pensador. Tem expressão própria como todo verdadeiro artista. É, por suas faculdades líricas de ideação e estilização, um poeta autêntico.

Ao lado da perfeição da forma, nitidamente parnasiana, com que trabalhou os poemas, está o lirismo que o aproxima

---

[4] NOBRE, Francisco Silva. *Luís Carlos: Poeta da Família e do Misticismo*. Rio de Janeiro:[Gráfica Joana D'Arc], 1984, p. 26.

dos nossos românticos. O soneto clássico rimado, em versos dodecassílabos ou decassílabos, predomina. Demonstra ser mestre em versificação, na técnica das comparações, na repetição de palavras, na aliteração, no uso de metáforas e de tantas outras figuras. Conhece profundamente a arte da metrificação. A título de exemplo, tomemos o uso da sinérese, um detalhe observado por Alexei Bueno, que aproxima Luís Carlos de Augusto dos Anjos: a transformação de hiatos em ditongos, trabalhando a métrica e a sonoridade do verso. Bueno afirma:

> Augusto dos Anjos é, de fato, o rei da sinérese implacável na poesia brasileira, mais do que qualquer parnasiano (o que lhe chega mais perto, nesse aspecto, talvez seja o pouco lembrado Luís Carlos), sendo também, mais do que qualquer simbolista, o rei da aliteração. Raramente encontramos um hiato sobrevivente à sua metrificação impiedosa.[5]

A imaginação é sempre a força dominante no desdobramento dos assuntos. A cor, o som, a luz e a sombra são

---

[5] Bueno, Alexei. *Uma História da Poesia Brasileira*. Rio de Janeiro: G. Ermakoff Casa Editorial, 2007, p. 249.

inerentes à visualidade tropical de Luís Carlos. Para ele, escrever é, antes de tudo, impressionar. Entre os temas preferidos estão a natureza, as divagações filosóficas, o amor, o misticismo, a família, o tédio, a tristeza. Destaques para "*Substractum*", "A Ruga da minha Fronte", "Exortação", "Felicidade" e "O Canhão", o mais conhecido, narrando a história de um canhão a meditar sobre seu destino maldito, que "Traz sempre a boca aberta a sugerir um grito / Deixando em toda parte um pânico inaudito" e se encerra com o impactante terceto:

> E parece, afinal, compenetrar-se tanto
> Do seu delito atroz que, em repulsão mais forte,
> Quando atira, recua, enchendo-se de espanto!

O livro foi comemorado por renomados analistas e poetas. Em carta para o amigo, Alberto de Oliveira escreveu:

> Seus cantos são de vário assunto, análises do sentimento das coisas, divagações filosóficas, intimidades, afeições domésticas e todos com um alentado sopro de inspiração e cheios da mesma sonoridade.
> Veja tudo isso o leitor, e reconhecerá que aqui está um Poeta e artista da raça.

João Ribeiro, em artigo (*O Imparcial*, 29/11/1921):

> A poesia de Luís Carlos representa uma fase distinta, na estética dos nossos poetas. Não é o parnasianismo já quase esgotado por enfadonhas e inúmeras repetições, nem é também a poesia inteiramente subjetiva que constitui a corrente mais vultosa da atualidade. Pode ser que participe de ambas por alguns caracteres compósitos, mas o que notamos como essencial nos seus versos é a técnica das comparações e das imagens que associam os dois elementos, subjetivo e objetivo, quase sempre com grande e feliz originalidade.

E Osório Duque-Estrada, crítico e analista dos mais respeitados, poeta e autor da letra do Hino Nacional Brasileiro, no *Jornal do Brasil* ("Registro Literário", 30/08/1922):

> [...] obra verdadeiramente bela e notável entre as melhores que se têm ultimamente publicado no Brasil. Luís Carlos é, com efeito, um grande e inspiradíssimo criador de beleza, que alia a arte pagã e escultural da Grécia às concepções sugeridas pelo sentimento cristão, filiando-se, assim, à nobre estirpe dos incomparáveis artistas do Renascimento.

Também a vida profissional seguia em ascensão. Em 1921, foi convidado pelo Ministro José Pedro do Rio para o cargo de Consultor Técnico do Ministério da Viação e Obras Públicas. Designado para fazer o tombamento do Patrimônio Histórico desse Ministério, levou consigo uma plêiade de literatos para o auxiliarem: Catulo da Paixão Cearense, Hermes Fontes, Pereira da Silva, Rafael Denavarro e Agripino Grieco.

Dois anos depois, o amigo Dr. João de Carvalho Araújo foi convidado para Diretor da Estrada de Ferro e com ele Luís Carlos assumiu a Vice-Diretoria.

Os Novos Livros

Em 1922, publicou *Encruzilhada*, reunião de textos em prosa muito bem recebida pela crítica. A presença do poeta se faz sentir ao longo de todo o volume; reúne conferências, artigos, crônicas, discursos e contos. Contém a reedição da conferência literária intitulada "O Mendigo", proferida com grande repercussão no Teatro de Barbacena em 1908, publicada em opúsculo no mesmo ano. Vários artigos e crônicas tratam de poetas e poesia, destaques para "Augusto de Lima", "Pereira da Silva" e "A Consagração de um Sabugueiro", uma crônica sobre a humana e bela história do sabugueiro cultivado por

Raimundo Correia, inspiração para o soneto "O Sabugueiro de Raimundo Correia", autoria de Alberto de Oliveira. Fechando o conjunto está o ótimo conto "S. Bartolomeu".

Dois novos livros são lançados em 1924: *Astros e Abismos* e *Rosal de Ritmos: Escorço Histórico sobre a Evolução da Poesia Brasileira.*

O primeiro, coletânea de poemas, foi grande sucesso de crítica e de público, com segunda edição já no ano seguinte. Qualidade e técnica na fatura dos textos estão no mesmo nível de *Colunas*, mas traz algumas surpresas. Os 43 poemas distribuem-se por três seções: Amplidão, Céus Distantes e Incêndio de Rosas. Em Amplidão, estão os questionamentos sobre o ser humano, os astros e os abismos, a força da natureza, o voo pela imensidão; aqui a primeira surpresa: o bem construído "Combate dos Gênios" narra a luta entre a águia e o avião – um dos primeiros poemas brasileiros tendo como tema o avião, ainda uma novidade no início da década de 1920. Em Céus Distantes, outra surpresa: nova faceta de Luís Carlos, o tradutor nos brindando com três belos trabalhos. Incêndio de Rosas compõe-se de temas variados, já abordados anteriormente – amor, amizade, homenagens, misticismo, entre outros –, predominando o lirismo, e que também nos surpreende com textos em versos livres: "A Glicka", musa-esposa, e o belo "*Confiteor*". São apenas dois poemas, porém nos revelam um Luís Carlos, que já vinha publicando nas revistas "modernas" cariocas *Fon Fon*, *Para Todos* e *Careta*, não tão alheio às revindicações da Semana de 1922.

O volume de prosa *Rosal de Ritmos* é um resumo histórico da poesia brasileira. Na abertura, o autor declara que seu intuito foi "o de informar os leitores a respeito da marcha evolutiva da nossa emoção poética" e que a expressou "de relance, através das épocas e dos seus valores mais característicos". São apreciações sobre a literatura nacional, desde a escola pernambucana, com Bento Teixeira, até os primeiros anos da década de 1920. Um excelente trabalho de pesquisa, relacionando centenas de poetas de quase todo o Brasil. Lá estão os obrigatórios Gregório de Matos, Castro Alves, Olavo Bilac, Cruz e Sousa e muitos outros conhecidos ou não do grande público, incluindo o Imperador D. Pedro II. Uma robusta antologia comentada se insere no texto à medida que os nomes vão sendo citados.

A última coletânea, *Amplidão*, com 50 poemas, foi obra póstuma, publicada em 1933 por iniciativa dos filhos. Luís Carlos Júnior organizou e fez o prefácio. Dividida em três partes, foi dedicada ao Professor Miguel Couto. Manteve a predominância da forma fixa. A surpresa é o poema "Vinte Anos", em versos brancos – o único em livros de Luís Carlos. Alguns textos foram escritos quando ele já estava adoentado; quase todo o volume tem um tom triste, a morte como tema predominante. Mesmo com todos os êxitos na vida, ele nunca foi uma pessoa alegre.

Apesar da temática, o volume agradou ao público e à crítica. Destaques para "Finados" e o bem representativo "Vozes do Além", com ecos do corvo de Edgar Allan Poe e resquícios de Cruz e Sousa:

Vozes vagas do Além; vozes perdidas,
Como sombras sonoras, que se vão
De tantos mundos e de tantas vidas,
Surdamente, a rolar pela Amplidão...

Vozes feitas de eternas despedidas;
"Nunca mais"... "nunca mais"; vozes que são
Remotas vibrações indefinidas,
Afundando o silêncio e a solidão.

Quem há, como eu, que as ouça, tão de perto?
Quem há, se é de as ouvir, de forma tal
Que o meu destino é um trágico deserto?!

Ninguém. Porque elas são, só por meu mal,
Os ecos de minh'alma, que, decerto,
Se fez de algum adeus universal.

Em 1970, foi lançado *Poesias Escolhidas*. Os 91 poemas, extraídos dos livros anteriores, foram selecionados e organizados por Luís Carlos Júnior, que também prefaciou o volume.

O Acadêmico e o Homem Comum

Luís Carlos foi eleito para a Academia Brasileira de Letras em 20 de maio de 1926, após três tentativas. Tornou-se o quarto ocupante da Cadeira 18, na vaga de Alberto Faria. Os concorrentes anunciados foram o Senador Antônio Azeredo, Vice-Presidente do Senado Federal, que às vésperas da eleição enviou carta ao Presidente da Academia, abrindo mão da candidatura (na esperança "de que esse gesto concorra para a escolha do brilhante poeta Luís Carlos"), e Jackson de Figueiredo, que também desistiu. Assim a vitória se deu por unanimidade.

Com essa nova condição, o casarão de São Cristóvão, sempre de portas abertas, ficou ainda mais movimentado. Tornaram-se mais frequentes as memoráveis noitadas de arte; os nomes mais destacados do nosso cenário artístico marcavam presença. Catulo da Paixão Cearense comparecia recitando poemas e fazendo com que todos se emocionassem e cantassem com ele "Luar do Sertão". Bárrios e Robledo, violonistas de renome, davam recitais acompanhados do cego Ladário, famoso saxofonista. O próprio anfitrião apresentava-se ao violão. Em algumas ocasiões, ouvia-se Ana Amélia, poeta defensora dos direitos das mulheres e fundadora da Casa do Estudante do Brasil, dizer seus poemas. Outros participantes: Cecília Meireles, Austregésilo de Athayde, Pascoal Carlos Magno, Olegário Mariano, Paulo de Frontin, Osório Duque-Estrada, Cláudio de Sousa, Augusto de Lima, Gustavo Barroso, Peregrino Júnior, Pereira da Silva, Agripino Grieco e muitos mais.

A fama correu e tornou-se conhecido tanto no Brasil como no exterior. Mantinha correspondência com escritores nacionais, sul-americanos e europeus. Os maiores poetas latinos do seu tempo queriam conhecê-lo, procuravam-no, traduziam seus versos.

Os jornais estavam sempre dando notícias a respeito do novo acadêmico, esmiuçando-lhe a vida e a personalidade. A popularidade era tal que no jornal *A Manhã*, de 20/06/1926, o humorista Apparicio Torelly, o Barão de Itararé, publicou um poema homenageando o poeta, acompanhado de uma caricatura feita por Andrés Guevara:

Luís Carlos, Poeta da raça,
Tem um estro divinal...
Mas foi feito, por desgraça,
Subdiretor da Central...

Desta forma, artista-mago,
Tem a sorte extraordinária
De enviar, com frete pago,
Sua bagagem literária.

Vate feliz, outro dia,
Sem encontrar um entrave,
Penetrou na Academia.

E em breve, fugindo à norma,
Em vez dum discurso grave,
Exporá sua... plataforma...

O equilíbrio era o que de mais admirável havia na personalidade de Luís Carlos. Engenheiro, não deixava de cumprir rigorosa e devotamente os deveres da profissão, embora o espírito se alçasse às mais elevadas regiões do pensamento humano. Confessava: "Entre a roda e a asa, embora prefira esta, tenho de sujeitar-me àquela, e rodar muito mais do que voar..."

Apesar de todo o sucesso obtido na vida, sentia-se um incompreendido. Doíam-lhe essas incompreensões, os julgamentos errôneos que dele ou de seus atos via às vezes fazerem, tanto na profissão como na área literária. Cada vez que um novo diretor assumia a Central, comentava-se que o Governo não o convidava por ser ele "bom demais"; isso o aborrecia, mas nunca reclamou. Por outro lado, no dia a dia do trabalho, sua inteligência e bondade eram reconhecidas por seus aspectos positivos: os funcionários o viam como um líder moderno, não como capataz, e costumavam dizer que mais agradável era ouvir-se um "não" do Dr. Luís Carlos do que um "sim" de certos chefes de serviço.

Na Literatura, não aceitava as posições radicais dos novos tempos, daí ser chamado de "passadista". Não pertencia à geração anterior nem propriamente à sua, não se aferrando a credos e escolas literárias.

Homem puro, religioso, que tanto sabia perdoar, nunca perdeu a serenidade e a modéstia. Querido por todos, permaneceu sempre a mesma alma acolhedora e caridosa, voltada para os desprotegidos da fortuna.

Lasinha lembra acontecimento familiar que revela doação do poeta também para com os animais:

> Certa vez adoece o "Nick", um cãozinho que muito afeto nos merecia, e um dos três veterinários chamados para tratá-lo receita um medicamento que devia ser ingerido de duas em duas horas. Pois eis que Luís Carlos passa a noite acordando com o despertador

> de duas em duas horas, e saindo pelo escuro até o fundo do longo quintal onde o cachorrinho, afastado de nós pelo perigo do contágio, se achava recolhido a um pequeno quarto. No dia seguinte, não havia descanso para ele. O trabalho esperava-o, implacável. E quando à noite voltava, exausto, morto de cansaço, recomeçava a despertar de duas em duas horas...[6]

Ainda em 1926, foi indicado pelo Ministro da Viação Francisco Sá para uma comissão na Europa, onde irá comprar, na Bélgica, material ferroviário para a Central. Levou a família e fixou residência em Paris. Cinco meses depois, cumprida a missão, regressou ao Brasil em novembro. No dia 21 de dezembro, tomou posse solenemente na Academia Brasileira de Letras, sendo saudado por Osório Duque-Estrada.

A família de Raimundo Correia, falecido em 1911, considerava o novo acadêmico "o verdadeiro sucessor do autor do poema 'As Pombas'". Assim, quis homenageá-lo, oferecendo o espadim do poeta maranhense, para com ele o novo imortal tomar posse. Luís tinha Raimundo como um de seus mestres, um ídolo, tanto que, ao encerrar seu discurso, retribuiu:

---

[6] Carlos, Lasinha Luís. *A Vida de Luís Carlos*. Rio de Janeiro: [Escola Técnica Federal da Guanabara], 1965, p. 36.

O espadim, que integra o meu uniforme, na presente solenidade, pertenceu ao maravilhoso artista do verso, cujo elogio se torna desnecessário, feito agora por mim, depois que ressoa, cantado por toda parte, pela voz do povo. Mestre, que sempre admirei com entusiasmo, Raimundo Correia exerce sobre a poesia nacional a ascendência hierática de um símbolo.

Duplo, portanto, é o meu conforto moral, ao ser recebido, hoje, por vós.

Primeiro, em virtude de sentar-me ao lado daqueles que são os eleitos da cultura brasileira; segundo, por entrar, aqui, como venho: ferido de uma cintilação transcendental, ao contato deste espadim – raio de estrela, que, se me não pertence, me comunica a sua estranha fulguração de glória eterna, armando-me cavaleiro do ideal.

– Ninho de relâmpagos – será bastante agitá-lo no ar, para que dele se desprenda uma revoada de claridades vertiginosas...

E é sob a impressão fascinadora dessa taumaturgia luminosa, que só podem exercer no mundo a divindade e o gênio, que eu juro, à fé de cavaleiro, beijando a poesia nacional neste espadim sagrado, despender,

> na Academia Brasileira de Letras, toda a minha energia mental, a serviço da beleza.[7]

Logo depois da posse, foi eleito Tesoureiro da Academia, e com reeleições sucessivas permaneceu no cargo até o fim da vida.

Em setembro de 1927, sempre acompanhado da família, retornou à Europa, em mais uma comissão do Governo, desta vez para comprar trilhos na Alemanha. Fixando-se novamente em Paris, realizou viagens por diferentes países, mantendo contato com os nomes mais em evidência da literatura.

A Revolução de 1930

Luís Carlos era o responsável pela circulação dos trens da ferrovia quando aconteceu a Revolução de 1930. Em 24 de outubro, o Presidente Washington Luís foi deposto, abrindo caminho para que, no mês seguinte, Getúlio Vargas assumisse a chefia do "Governo Provisório". Nesse dia, Luís foi acordado muito cedo por um funcionário da Central que anunciava ter rebentado a Revolução, estando a Estrada em polvorosa.

---

[7] Carlos, Luís. "Discurso do Sr. Luís Carlos". *In*: *Discursos Acadêmicos*. Tomo II, 1920-1935. Rio de Janeiro: Academia Brasileira de Letras, 2006, p. 504.

Dirigiu-se de imediato para lá. Os aviões desciam ameaçadores em voo rasante sobre o edifício-sede da empresa, quase a atingir-lhe o teto; o tumulto e a balbúrdia chegavam ao extremo; ouviam-se tiros dos canhões; engenheiros e funcionários fugiam. O próprio diretor já havia se retirado, ordenando a paralisação dos trens.

O engenheiro-poeta se dividia; como engenheiro, fiel aos princípios de ordem e disciplina, mantinha-se alheio às correntes políticas, aos partidos, ao entrechoque das paixões. No entanto, não escondia a simpatia pela causa da Aliança Liberal – que apoiava Getúlio –, mas não colaborava ativamente com a revolução. Esse talvez o lado poeta.

Fosse contra ou a favor da Revolução, pelo cargo que ocupava, não poderia deixar de cumprir seu dever. Naquela manhã, assumiu a direção de todo o tráfego, que restabeleceu, dando ordens e mantendo a autoridade em meio aos gritos e à desordem do povo, impedindo com isso nova paralisação.

Acalmados os ânimos, os trens circulando normalmente, uma surpresa que a filha Lasinha descreve na biografia do pai (páginas 50 e 51):

> Entusiasmados, os funcionários, em grande massa, vão buscá-lo à Chefia do Movimento, e trazem-no para a Diretoria, carregado em triunfo, aclamando-o

Diretor da Central! Era o primeiro diretor por aclamação e livre escolha dos ferroviários! Chegando, porém, à Central o Dr. Humberto Antunes – engenheiro mais antigo do que ele, e seu superior hierárquico –, pouco após a normalização do tráfego, passou-lhe Luís Carlos a diretoria. Mas com isso não concordaram os funcionários que lhe haviam assistido ao esplêndido feito. E, em coro, ouvia-se ecoando pelo edifício da Central: – Nós queremos Luís Carlos!...

Em massa, dirigem-se os funcionários ao Quartel General, a fim de solicitar do Governo Provisório seja Luís Carlos mantido no posto de Diretor, para o qual o povo o aclamara. Interessante é que, quando regressaram à Central, ali encontram o Capitão Lima Câmara, que, nomeado Diretor Militar da Estrada, levava já a Luís Carlos a notícia de que fora ele nomeado Diretor Civil da Central. [...]

"O Dr. Luís Carlos foi o único chefe de serviço que não abandonou o seu posto", contam os jornais do dia seguinte. [...]

Três dias e três noites, meu Pai não se afasta do gabinete, não dorme, quase não come, num esforço titânico para a manutenção da ordem.

Acontece que a política tem suas voltas e revoltas. Anteriormente, tinha sido nomeado Diretor da Central, pelo Dr. Cristiano Machado – Secretário do Interior e Comandante Geral das Forças em Operação no Estado de Minas –, o Engenheiro Caetano Lopes, que ajudara a fazer a revolução e a quem a Junta Governativa desejava dar prova de reconhecimento pelos serviços prestados. Situação de impasse. O Ministro das Relações Exteriores, Dr. Afrânio de Melo Franco, incumbido de expor a questão a Luís Carlos, procurou-o pessoalmente. Nosso poeta, espírito conciliador e altruísta, achou de justiça que fosse Caetano o Diretor, entregando-lhe a Direção. Falou-se de uma compensação que lhe seria oferecida pelo Governo: uma Embaixada. Luís recusou.

Logo depois, em dezembro, assumiu a Diretoria da Central o Dr. Arlindo Luz, que o convidou para exercer, em comissão, a função de Vice-Diretor.

Os Últimos Anos

O ano seguinte ao da Revolução também foi um ano de mudanças para Luís Carlos. Mudou de função: nomeado Subdiretor da 1.ª Divisão da Central, ocupou o mais alto cargo efetivo da Estrada. Mudou de residência: deixou a casa de São Cristóvão e alugou outra na Rua Alexandre Ferreira, no

Jardim Botânico, com esperança de que a felicidade e a vida equilibrada que viveu até então continuaria na nova casa – infelizmente, a última morada.

Em julho de 1932, adoeceu. Pela primeira vez disse que não aguentava ir à Central. Nunca tivera qualquer doença que o prostrasse, e agora arquejante, tão cansado que já não podia se virar na cama, surpreendeu a família. Foi chamado o Professor Miguel Couto, médico amigo e colega na Academia Brasileira de Letras, que deu o terrível diagnóstico: os pulmões estavam tomados por grave doença, mais tarde definida como câncer. Luís Carlos era um fumante inveterado. Nos meses de vida que se seguiram, mostrou-se um exemplo de resignação. Nunca se queixava, agradecia sempre todo e qualquer gesto que se fizesse em seu favor. Quando estendia o braço para as injeções, já todo picado e sorrindo, ainda achava forças para dizer: "– Estou como naqueles versos de Bilac: 'Transpassado de golpe e de beijos'".

Luís Carlos faleceu no dia 16 de setembro de 1932, cercado de familiares, amigos e admiradores. Houve uma comoção no meio literário; periódicos de todo o Brasil – em número acima de meia centena! – estamparam a notícia de sua morte. O sepultamento foi no Cemitério São João Batista.

Pereira da Silva, advogado, crítico literário e poeta, o sucedeu na Cadeira 18 da Academia Brasileira de Letras; na

Central do Brasil, subordinara-se a Luís Carlos como Chefe de seu gabinete.

O modo inusitado como foi eleito é único na história da Casa. Luís, durante os seis anos em que lá esteve, lutou para que ele pudesse se tornar um imortal, por julgá-lo um ser humano invejável e um excelente poeta. Todos tinham conhecimento desse desejo, mas o amigo era introvertido, sem prestígio social, criando dificuldade para obter os votos necessários. Quando se abriu a vaga, em consenso, resolveu-se que Pereira da Silva a preencheria como candidato único. Foi a maneira comovente encontrada para homenagear o morto e reconhecer os méritos do primeiro simbolista a entrar para a Academia.

Homem gentil e atencioso, Luís Carlos multiplicou-se para atender às mais diversas atividades e chamados. Além das intensas solicitações da vida profissional como ferroviário e do trabalho como escritor, ensaísta, cronista, contista, conferencista, orador e poeta, foi Presidente da Rádio Educadora do Brasil, e participava ativamente das reuniões da Academia Brasileira de Letras. Escreveu, a pedido do Centro Carioca, o Hino Carioca, com música do Maestro Francisco Braga, o autor do Hino à Bandeira. E não se furtou ao chamado para julgar o concurso de beleza feminina para escolha de Miss Rio de Janeiro.

No decorrer de sua trajetória, granjeou amizades e recebeu inúmeras homenagens tanto no Rio como em cidades mineiras e no estado de São Paulo; neste, no município de Guararema, na Vila de Luís Carlos, hoje um distrito, está a Estação de Luís Carlos, que pertenceu à Central do Brasil. Em Juiz de Fora, foi criado o Grêmio Literário Luís Carlos. Tem o título de Príncipe dos Poetas Cariocas; é Patrono da Cadeira 35 da Academia Carioca de Letras e da Cadeira 46 da Academia Guanabarina de Letras. A Prefeitura do Rio deu seu nome a uma rua no bairro de Todos os Santos e o escolheu como Patrono da Escola Estadual Luís Carlos, localizada no bairro de Madureira. Recebeu solenemente das mãos do Embaixador da Itália a comenda de Cavaleiro da Ordem da Coroa daquele país. Os amigos musicaram seus poemas, como o Maestro Oscar Lorenzo Fernandes fez com "A Saudade", gravando-o. Diante de seu túmulo, Gustavo Barroso o chamou de "profeta da beleza e apóstolo da bondade".

Foi uma vida tão ilustre pelas obras como edificante pelos exemplos. Parecia saber que o tempo corria contra ele; as horas, os minutos, os segundos eram preciosos. A carreira foi curta, a estrada da vida percorrida com energia e rapidez. Missão cumprida, o espírito seguiu num galope fantástico, procurando encontrar *através do infinito outro infinito*, como escreveu no poema "Destino Célere":

As energias do meu ser congrego-as
No anseio de furtar-me a vãs demoras:
Segundos, para mim, minutos e horas
São metros, são quilômetros, são léguas...

Pautam-me a vida os trilhos como réguas,
Por sobre cujas fêveras sonoras,
Dias e noites, vésperas e auroras,
Jungido ao trem, vivo a correr sem tréguas...

E enquanto, assim, desgasto a argila impura
Em terra, sinto em mim que, mais aflito,
O espírito, buscando o ideal na altura,

Sobre o alado corcel do velho mito,
Num galope fantástico procura,
Através do infinito outro infinito...[8]

---

[8] CARLOS, Luís. *Colunas*. 1.ª edição. Rio de Janeiro: Edição de Jacinto Ribeiro dos Santos, 1920, p. 107.

Bibliografia do Autor:

Colunas. Rio de Janeiro: Edição de Jacinto Ribeiro dos Santos, 1920.
Encruzilhada. Rio de Janeiro: Livraria Castilho, 1922.
Astros e Abismos. Rio de Janeiro: Empresa Brasil Editora, 1924.
Rosal de Ritmos: Escorço Histórico sobre a Evolução da Poesia Brasileira. Rio de Janeiro: Empresa Brasil Editora, 1924.
Astros e Abismos. 2.ª edição. Rio de Janeiro: Pimenta de Melo & Cia., 1925.
Colunas. 2.ª edição. Paris: Imprimerie Lahure, 1926.
Amplidão. Rio de Janeiro: Renascença Editora, 1933.
Poesias Escolhidas. Rio de Janeiro: Livraria São José, 1970.

Bibliografia sobre o Autor:

Carlos, Lasinha Luís. *A Vida de Luís Carlos*. Rio de Janeiro: [Escola Técnica Federal da Guanabara], 1965.
Nobre, Francisco Silva. *Luís Carlos: Poeta da Família e do Misticismo*. Rio de janeiro: [Gráfica Joana D'Arc], 1984.

ANTOLOGIA

O Canhão⚜*

Guardando uma expressão de austera indiferença
Por tudo que o circunda, atento no Infinito,
Queda-se a meditar no destino maldito,
Que prende a sua glória a uma tragédia imensa.

Não há poder algum que tão de vez convença:
Traz sempre a boca aberta a sugerir um grito,
Deixando, em toda parte, um pânico inaudito
– Sinistro núncio, que é, da máxima sentença.

Mas resiste no peso ao bélico transporte,
Na inversão do seu fim, como que, por encanto,
Lembrando um condenado a rastos para a morte.

E parece, afinal, compenetrar-se tanto
Do seu delito atroz que, em repulsão mais forte,
Quando atira, recua, enchendo-se de espanto!

⚜ Para o estabelecimento dos textos dos poemas, cotejamos as edições elencadas na Bibliografia do autor; como referência bibliográfica, citamos a primeira ou a única edição de cada livro. [N. do O.]

* *In*: *Colunas*. 1.ª edição. Rio de Janeiro: Edição de Jacinto Ribeiro dos Santos, 1920, p. 35.

O Poeta*

Ninguém saiba quem sou. Quero viver sepulto
Na minha solidão grandíloqua de asceta,
Preferindo aos clarões do mundo a luz secreta,
Que aclara, quando é sonho, e abrasa, quando é culto.

Perpasse eu pela vida aparentando um vulto
Envolto no pudor, como visão discreta.
Mas que surja, por fim, transfigurado em poeta,
Da crisálida azul em que o meu ser oculto.

E, através da efusão fecundante do dia,
Suba àquelas regiões, de onde os sóis não se somem,
No equilíbrio imortal da suprema harmonia.

E fique no esplendor que as eras não consomem,
Provando, pela glória estranha da poesia,
Como pode caber um deus dentro de um homem!

---

* *In*: *Colunas*. 1.ª edição. Rio de Janeiro: Edição de Jacinto Ribeiro dos Santos, 1920, p. 82.

*Substractum**

Formoso ideal com que a sonhar me iludo
– Fraternidade humana – vã doutrina!
O homem só por si próprio se fascina:
– Narciso eterno – eis seu mistério rudo.

O beijo, o abraço, o adeus, o aplauso... tudo
O que oferece, quando raciocina,
São só disfarces da feição genuína
Do seu caráter cego, surdo, mudo!

Amizade, respeito, simpatia,
Misericórdia, amor, saudade, ciúme
– Tudo acaba, se o egoísmo principia.

E o homem, vivendo entre outros homens, a esmo,
Vê que a vida afinal, se lhe resume
No profundo deserto de si mesmo!

---

* *In*: *Colunas*. 1.ª edição. Rio de Janeiro: Edição de Jacinto Ribeiro dos Santos, 1920, p. 99.

Triunfo Máximo*

(A Arthur de Cerqueira Mendes)

Triunfar na vida não é ter vencido
Esquadras ou exércitos em luta;
Nem pelo emprego hostil da força bruta
Calcar o pusilânime oprimido!

Não é ter ao pináculo subido
Do trono real, em púrpura impoluta;
Nem ter nome que o mundo repercuta
Com glória – boca em boca – ouvido a ouvido...

Não é sobreviver à dor terrena;
Não é transpor o mar, subir o Pindo,
Galgar o abismo, a noite, a Imensidade!

É ter nas mãos grilhões de alheia pena
E as mãos abrir, magnânimas, sorrindo
Para o perdão e para a liberdade!

---

* *In*: *Colunas*. 1.ª edição. Rio de Janeiro: Edição de Jacinto Ribeiro dos Santos, 1920, p. 121.

Envelhecendo*

(Ao Dr. J. M. Lisboa Júnior)

Vai-me a vida fugindo lentamente...
Como pedra que encontra na descida
Empeço após empeço, vai-me a vida
Rolando em sua última vertente...

Sinto-me, aos poucos, de mim próprio ausente,
Pisando um solo que, aos meus pés, trepida;
E a voragem da paz incompreendida
Avulta a cada passo em minha frente!

Desço cumprindo a derradeira pena:
Ninguém! Somente, ao longe me acompanha
O adeus... o adeus que a mocidade acena!

Surpresa amarga de ironia estranha:
Depois de uma subida tão serena,
Como custa descer esta montanha!

---

* *In*: *Colunas*. 1.ª edição. Rio de Janeiro: Edição de Jacinto Ribeiro dos Santos, 1920, p. 127.

Exortação*

(A José Gonçalves Barbosa)

Sofre, mas não declines da confiança,
Que sereno puseste no futuro.
Se és bom, tens o caminho mais seguro:
O bem é uma subida que não cansa.

Sofre, que o sofrimento é uma esperança
Em quem deseja revelar-se puro.
– Que fora o claro se não fora o escuro?
Sem sofrimento a glória não se alcança.

Não te assustem pedradas. Olha o mundo
Com os olhos virgens dos relances da ira.
Vê que o solo, ferido, é mais fecundo.

E, se tens n'alma o Céu, por que temê-las?
As pedras que o homem contra Deus atira,
Ao contato do Céu, tornam-se estrelas!

---

* *In*: *Colunas*. 1.ª edição. Rio de Janeiro: Edição de Jacinto Ribeiro dos Santos, 1920, p. 149.

A Ruga da minha Fronte*

(A Manoel Victor)

Quanta gente me diz, ao ver-me o rosto:
– "Que dor escondes ou que mal fizeste
Para que tragas em teu cenho exposto
Novo sinal da cólera celeste?

Se estás na vida longe do Sol-posto
E se achas rosas num caminho agreste,
Por que hás de ir caminhando com desgosto,
Vendo em cada roseira o teu cipreste?"

É que formam minha alma incompreendida,
Alma de pensativo caminheiro,
Um sorriso, uma lágrima e uma trova.

E, enquanto vou pensando em minha vida,
O pensamento, que é o melhor coveiro,
Vai-me, na fronte, desenhando a cova.

---

* *In*: *Colunas*. 1.ª edição. Rio de Janeiro: Edição de Jacinto Ribeiro dos Santos, 1920, p. 161.

A Glicka*

– Graça de amor que a pena não descreve,
Embora a idade pese e me entristeça,
Envelhecer contigo é-me tão leve
Que eu bendigo a velhice. Que envelheça,
Tendo por fora da cabeça a neve
Mas tendo sonhos dentro da cabeça.

---

* *In*: *Colunas*. 1.ª edição. Rio de Janeiro: Edição de Jacinto Ribeiro dos Santos, 1920, p. 188.

Felicidade*

Escuta, minha amiga, a vida passa
Como passa nas flores o perfume,
Mas o perfume é o hálito da graça
E na desgraça a vida se resume.

Porque é pouco, por muito que se faça,
Para cada lareira o próprio lume.
Mas fogo forte logo faz fumaça;
Onde há mais luz, depois há mais negrume...

Glórias... Que valem glórias? – Cicatrizes.
Bem melhor é o segredo em que vivemos,
Como vivem fecundas as raízes.

Somos dois. Dás-me extremos, dou-te extremos.
Que mais há? Julguem-se outros mais felizes.
Para vencer o mar bastam dois remos.

---

* *In*: *Colunas*. 1.ª edição. Rio de Janeiro: Edição de Jacinto Ribeiro dos Santos, 1920, p. 249.

Combate dos Gênios*

(A Saul de Navarro)

Sob o fluido esplendor da abóboda profunda,
Afogada no etéreo espasmo do Infinito,
Medita uma águia real num cimo de granito,
Circunvagando o olhar por tudo o que a circunda:

– Quem há para galgar este alcantil deserto
E enfrentar-me, como eu enfrento o Sol, de perto?
Que vale o ser humano, aclamado o primeiro,
Se ele é irmão do réptil, vertical, mas rasteiro?
Que importa a asa do ideal, que o eleva, mas em sonho,
Para sempre o abater mais vencido e tristonho?
Ser grande é como eu sou: sentir, a cada passo,
As vertigens do Azul, no vórtice do Espaço!

E media com o olhar a Imensidade, em torno,
Unindo a Terra e o Céu num beijo vago e morno.
Ao sopé do alcantil – gigante lanceolado –

---

* *In*: *Astros e Abismos*. 1.ª edição. Rio de Janeiro: Empresa Brasil Editora, 1924, pp. 13-23.

Em cuja fronte ela era o pensamento alado,
Palpitava, no ardor da vida que condensa,
O tumulto febril de uma cidade imensa.

E, naquele fastígio inacessível, entre
Nuvens errantes, que ora a envolvem no seu ventre,
Continua a águia real a meditar ufana:
– Estas nuvens me vêm como incontido hosana
Da cidade, que embalde anseia pela altura.
Sempre o mesmo malogro humano! Em vão procura
O homem subir, como eu, que subo enquanto existo.
Vi-o sempre tão baixo, onde mais alto o hei visto!
A torre é que limita o seu supremo surto.
E é na dor de sentir esse lance tão curto
Que, por bem de chorar seu mísero destino,
A cidade pendura em cada torre um sino.
Bendita seja a força ardente que me eleva
Rompendo a Imensidão, como a luz rompe a treva.

E, enquanto ébria de si, pompeia delirante,
Eis que, a exemplo de inseto alígero e distante,
Uma visão sutil vem cruzando o horizonte,
A crescer... a crescer... quanto mais se remonte!
Já se não assemelha a inofensivo inseto.

Fita-lhe a águia, em silêncio, um longo olhar inquieto...
Enleia-se, estremece... e, agora, enquanto pasma
A vista na expressão daquele hirto fantasma,
Que vem sobrepairando as últimas cumeadas,
A vibrar, sem bater as asas espalmadas
– Monstro de uma feição de peixe e borboleta –
Como uma aparição talvez de outro planeta,
Pela primeira vez, sente eriçar-lhe as penas
A crispação das vis humilhações terrenas!
É o medo que a domina.

Ainda ave alguma viera,
Como vem essa esfinge, atravessando a esfera
Para alcançá-la, enfim, no píncaro deserto
Onde ela, apenas ela, enfrenta o Sol, de perto!

E a aparição sinistra avulta e se aproxima,
Enchendo de fragor a Imensidade acima,
Como estranho albatroz de intenção agoirenta
Que anunciasse o esplendor selvagem da tormenta!

A águia hesita um momento e, a um recôndito impulso,
Vai romper – asas no ar – cheia de horror convulso,
Num prófugo alvoroto, a vastidão tranquila
Que, ao longe, tanto mais se esvai quanto se anila...

Mas debalde se agita.
A altivolante esfinge,
Ainda sobre o alcantil, ousadamente, a atinge!

E a luta envolve no ar, vertiginosamente,
Num delírio esvoaçante, o píncaro silente.
Por sobre o esplendoroso anseio da voragem
A águia se transfigura em chama da coragem:
Investe... raiva... rompe... estrinca... e se estremunha,
Ao ver que o duelo tem o Sol por testemunha!

Morrerá sim, porém menos lhe importa a vida
Que o Sol vê-la tombar, pela Amplidão, vencida!
E alucinadamente envolta pelo Espaço
Com aquele monstro audaz de envergadura de aço,
Ela vê, num relance, iluminar-se o arcano;
Dentro daquela esfinge havia um ser humano!

O combate rebrilha em plena Imensidade.
Em tudo há uma expressão de dúvida e ansiedade:
De tal peleja augusta há de raiar no mundo
Um sobrenatural espírito fecundo,
Pois que se embatem nela, em desvairada guerra,
A águia – gênio do espaço – e o homem – gênio da Terra!

Cruzam na luta, ao Sol, coruscações aflitas,
Relampagueando como espadas infinitas...

A vacilar, transluz, numa essência incorpórea,
Através da batalha, o nume da vitória.

Mas, súbito, o esplendor da angústia derradeira!

Envolve-se o alcantil de luminosa poeira,
Como incenso do Sol naquele altar de heroísmo.

E enquanto a águia a rolar vem deslumbrando o abismo
Com a sua morte real no combate inaudito,
Erguendo o homem da Terra, onde ele vive a rastros,
A subir... a subir... em desafio aos astros
Vai desaparecendo o avião pelo Infinito...

Inquietação*

Desassossego do meu ser humano!
Mórbida exaltação dos meus sentidos
Que me estende a sem-fins desconhecidos
Com profundo sabor de abismo e arcano!

Pesa o Universo em mim como um tirano:
No olhar, cabem-me os Céus indefinidos;
Nas conchas univalves dos ouvidos,
As sinfonias trágicas do Oceano.

Quem sou, no meu conspecto diminuto,
Para encerrar este desígnio imenso
De ver e ouvir a essência do absoluto?

Nesta interrogação vivo suspenso,
Sofrendo já, pelo que vejo e escuto,
Sofrendo, muito mais, pelo que penso.

---

* *In*: *Astros e Abismos*. 1.ª edição. Rio de Janeiro: Empresa Brasil Editora, 1924, pp. 32-33.

*Confiteor**

Senhor, quando me sinto incompreendido
E, por incompreendido, abandonado,
Sem uma voz que me acalente o ouvido,
Sem que alguém pouse em mim o seu cuidado;

E, volvendo-me, a sós, para mim mesmo,
Vejo-me ir, entre os homens, no abandono
Da folha morta, pelos ares, a esmo,
Entregue aos ventos ásperos do Outono,

Encontro-me convosco;
E o meu ser, que se torna, então, profundo,
Transfigura em clarão todo o silêncio fosco
Em que ia anoitecendo para o mundo.

Não há, Senhor, melhor consolação na Terra
        Para quem erra,
        Do que ir sozinho
E encontrar-vos a vós pelo caminho.

---

* *In*: *Astros e Abismos*. 1.ª edição. Rio de Janeiro: Empresa Brasil Editora, 1924, pp. 105-109.

Que vai convosco quem vai só consigo,
Sem vos ver, mas sentindo o vosso abrigo.
Se andais velado de mistério infindo,
Diafanizais as solidões sorrindo...

Senhor, não foi mister que eu vos visse e tocasse,
Para sentir a vossa onipotência.
Não é na face
Das cousas que reside a essência.

Só vos nega,
Senhor, quem vos não quer sentir, mas ver, somente.
Também o Sol, que é o Sol, deslumbra e cega
A quem o quer olhar, de frente.

A minha triste vida...
A minha triste vida, sim, mas doce...
Que fora a minha vida tão sentida,
Se não fosse

A vossa graça que a ilumina?
Triste e doce, o meu ser, convosco, não se engana,
Que, se a tristeza vem da espécie humana,
A doçura só vem da unção divina.

Uma pedra feriu a placidez de um lago
E a água circunvagou, de friso em friso.
Assim, a dor, cheia de encanto vago,
Põe-me na face um trêmulo sorriso.

Que a dor sois vós que me avisais do mundo,
Deixando-me, depois, tão leve de alma,
Como ao lago também voltou a calma,
Embora a pedra lhe ficasse ao fundo.

Finados*

Dois de novembro. Finados.
Quanta flor! Quantas criaturas
Guarnecendo as sepulturas
Dos ricos e potentados.

E, junto deles, fadados
Sempre às mesmas desventuras,
Dormindo em campas obscuras,
Os pobres – abandonados!

Mas, como que em julgamento,
De súbito, irrompe o vento.
E, às suas arremetidas,

Os mausoléus, tão cobertos
De flores, ficam desertos
E as covas rasas – floridas.

---

* *In*: *Amplidão*. Rio de Janeiro: Renascença Editora, 1933, pp. 23-24.

Luís Carlos com Osório Duque-Estrada, posse na Academia.
Publicada na revista *Fon-Fon* em 01/01/1927. Acervo ABL.

Luís Carlos, posse na Academia.
Arquivo da família de Luís Carlos.

Caricatura de Luís Carlos por Guevara, publicada no jornal *A Manhã* em 20/06/1926. Acervo ABL.

Série Essencial

001 Oswaldo Cruz, *Moacyr Scliar*
002 Antônio Houaiss, *Afonso Arinos, filho | 1.ª ed., ABL, esgotado.*
003 Peregrino Júnior, *Arnaldo Niskier*
004 João do Rio, *Lêdo Ivo*
005 Gustavo Barroso, *Elvia Bezerra*
006 Rodolfo Garcia, *Maria Celeste Garcia*
007 Pedro Rabelo, *Ubiratan Machado*
008 Afonso Arinos de Melo Franco, *Afonso Arinos, filho*
009 Laurindo Rabelo, *Fábio Frohwein de Salles Moniz*
010 Artur Azevedo, *Sábato Magaldi*
011 Afonso Arinos, *Afonso Arinos, filho*
012 Cyro dos Anjos, *Sábato Magaldi*
013 Euclides da Cunha, *José Maurício Gomes de Almeida*
014 Alfredo Pujol, *Fabio de Sousa Coutinho*
015 João Cabral de Melo Neto, *Ivan Junqueira*
016 Ribeiro Couto, *Elvia Bezerra*
017 José do Patrocínio, *Cecilia Costa Junqueira*
018 Bernardo Élis, *Gilberto Mendonça Teles*
019 Teixeira de Melo, *Ubiratan Machado*
020 Humberto de Campos, *Benicio Medeiros*
021 Gonçalves Dias, *Ferreira Gullar*
022 Raimundo Correia, *Augusto Sérgio Bastos*
023 Rachel de Queiroz, *José Murilo de Carvalho*
024 Alberto de Oliveira, *Sânzio de Azevedo*
025 Álvares de Azevedo, *Marlene de Castro Correia*
026 Alberto de Faria, *Ida Vicenzia*
027 Machado de Assis, *Alfredo Bosi*

057 Gonçalves de Magalhães, *Roberto Acízelo de Souza*
058 Luís Murat, *Flávia Amparo*
059 Olegário Mariano, *Pedro Marques*
060 Otto Lara Resende, *Cláudio Murilo Leal*
061 Raul Pompeia, *Ivan Teixeira*
062 Rui Barbosa, *Murilo Melo Filho*
063 Sílvio Romero, *José Luís Jobim*
064 Vicente de Carvalho, *Ida Vicenzia*
065 Alcindo Guanabara, *Ubiratan Machado*
066 Américo Jacobina Lacombe, *José Almino de Alencar*
067 Olavo Bilac, *José Castello*
068 Lúcio de Mendonça, *João Pedro Fagerlande*
069 Pedro Luís, *Pedro Lyra*
070 Odorico Mendes, *Rodrigo Petronio*
071 Aluísio Azevedo, *Orna Messer Levin*
072 Luís Carlos, *Augusto Sérgio Bastos*